Oma hat noch Dinosaurier gekannt

Cordula Weidenbach, Jahrgang 1974, lebt mit ihrem Mann, einer Tochter und einem Sohn in München. Seit Jahren verfolgt sie fasziniert, wie Kinder ihrem ganz besonderen Blick auf die Welt Ausdruck verleihen, und sammelt deren schönste Aussprüche in Familie, Bekanntenkreis, Kindergärten, Schulen und auf Spielplätzen.

CORDULA WEIDENBACH

Oma hat noch Dinosaurier gekannt

Die besten Kindersprüche

Bassermann

Quellen

Die meisten Zitate stammen von Kindern aus dem Bekanntenkreis, andere wurden in Schulen und Kindergärten gesammelt, wieder andere kommen aus dem Internet und einige wurden aus dem Englischen übersetzt. Wir haben uns bemüht, alle Rechteinhaber ausfindig zu machen und Genehmigungen einzuholen. Sollte uns dies im Einzelfall bedauerlicherweise nicht möglich gewesen sein, werden wir begründete Ansprüche selbstverständlich erfüllen. In Fällen, in denen das jeweilige Kind unbekannt war oder anonym bleiben sollte, wurden fiktive Namen und Altersangaben verwendet.

ISBN: 978-3-8094-4493-0

1. Auflage
Genehmigte Sonderausgabe

Projektleitung dieser Ausgabe: Martha Sprenger
Umschlaggestaltung: Atelier Versen, Bad Aibling, unter Verwendung
einer Illustration von Laurenz Klug und Leonie Weidenbach
Redaktion: Anja Freckmann, Bernried
Satz: Satzwerk Huber, Germering
Herstellung: Elke Cramer

FSC
www.fsc.org
MIX
Papier aus verantwortungsvollen Quellen
FSC® C014496

Penguin Random House Verlagsgruppe FSC® N001967

Druck und Bindung: GGP Media GmbH, Pößneck

Printed in Germany

351603870421

Inhalt

Vorwort

»Mama, wenn ich dich so fest drücken würde, wie ich dich liebhab, wärst du so platt wie eine Briefmarke!« Kinder haben eine ganz besondere Gabe, etwas auf den Punkt zu bringen und versprühen dabei einen Charme, dem man sich nur schwer entziehen kann. Und nach einer solchen wunderbaren Liebeserklärung bieten sie einem ebenso selbstverständlich nur einen Moment später ihre schmutzige Pizza zum Essen an, weil diese gerade auf den Boden gefallen ist.

Kinderlogik ist einmalig und bringt deshalb ganz besondere Aussagen hervor. Wer sich darauf einlässt, wird die Milch in der Kuh lassen, damit sie nicht sauer wird, beim nächsten Friedhofsbesuch die Oma gießen und den Nikolaus zu seinem Geburtstag einladen.

Auch unfreiwillig Verwechseltes und Verdrehtes birgt eine ganz eigene Alltagskomik. So wird der kleine Bruder mittags immer eingeschläfert, und einfach ein Kaiserschmarrn gemacht, falls das Baby im Bauch falsch herum liegt.

Kindersprüche gehen oft im Trubel des Alltags unter, aber wer genau hinhören kann, hat definitiv mehr Spaß am Leben. Von lustig bis rührend, von naseweis bis ganz schön weise, von logisch bis absurd, die Zitate der Kleinen haben es in sich. Ich wünsche allen Leserinnen und Lesern viel Vergnügen beim Stöbern in Wortschätzen und Eintauchen in Kinderwelten.

Cordula Weidenbach
München, im April 2016

Mann und Frau

Frauen können Babys im Bauch haben. Männer nur Bier.

»Mann und Frau kann man hauptsächlich wegen ihrer Frisur unterscheiden.« (Malte, 5 Jahre)

Henrik (7 Jahre): »Bei einem Ehepaar sind beide aus einem anderen Geschlecht.«

Carlotta (6 Jahre) zu ihrer Kindergartenfreundin Marie: »Ich bin echt froh, dass ich ein Mädchen bin. Frauen können Kinder kriegen, Männer können nur samen.«

Johanna wird demnächst drei. Maximilian (9 Jahre), einer ihrer älteren Brüder, fragt, was sie sich zum Geburtstag wünscht. Johanna, überzeugt: »Einen Pimmel.«

»Frauen arbeiten zu Hause und in der Arbeit. Männer arbeiten nur im Büro. Das ist der Unterschied.« (Julia, 6 Jahre)

Mama rutscht nach dem Mittagessen auf Knien auf dem Boden herum und fegt die Krümel auf. Sarah (5 Jahre) sieht aufmerksam zu und stellt fest: »Andere Leute haben eine Putzfrau, und wir haben eine Mami!«

»Seit vielen Jahrtausenden bestehen zwischen Mann und Frau gewisse Unterschiede.« (Martin, 12 Jahre)

Julia (4 Jahre):
»Männer machen ihr Pipi mit der Hand.«

»Frauen haben BHs, Männer fahren Autos.«
(Finn, 2 Jahre)

Rosalie (5 Jahre) verteidigt sich in einer Jungsgruppe:
»Auf der Welt gibt es zwar mehr Männer, aber Frauen sind dafür viel schöner!«

»Männer können besser Fußballspielen, Frauen können besser aufräumen.« (Till, 7 Jahre)

Männer Grillen gerne, weil das Kochen dann gefährlicher ist.

»Frauen werden öfter krank, Männer gehen gleich hops.« (Marlene, 10 Jahre)

Jonathan (6 Jahre):
»Ein Monsoon ist ein französischer Mann.«

»Viele Frauen gehen in eine Joghurtgruppe.« (Sarah, 5 Jahre)

Laurenz (8 Jahre) in einem Männergespräch über Pubertät: »Papa, hattest du auch diese Stimmenverzerrung?« (Gemeint war Stimmbruch.)

Mama besucht mit beiden Kindern die Münchner Frauenkirche. Klara (5 Jahre) am Eingang streng zu ihrem dreijährigen Bruder: »Du nicht! Hier dürfen nur Frauen rein!«

Papa steht mit den Kindern in der Warteschlange der Metzgerei. Steffi (4 Jahre) blickt interessiert in die Theke und sagt dann laut: »Schau Papa, die Wurst sieht aus wie dein Zipfel!«

»Frauen nägeln sich die Füße.« (Julia, 2 Jahre)

Tobi (8 Jahre) erzählt einem Bekannten: »Mein Papa hat ein Notizbuch, wo seine Genitalien eingestickt sind.«

»Die Periode der Frau heißt Monatszirkus.« (Till, 12 Jahre)

Anne (4 Jahre): »Wieso hat mein Bruder einen Pimmel und ich nicht? Hatte Gott keine mehr?«

Die Nachbarin war auf der Schönheitsfarm. Nachdem Kian (7 Jahre) die Frau im Garten gesehen hat, erzählt er seinen Eltern entsetzt: »Mama, der Frau Weber ist was Schlimmes passiert. Ich glaube, die haben ganz viele Bienen in die Lippen gestochen!«

»Conchita Wurst ist eigentlich ein Mann. Aber da wurde eine Frau reinimportiert.« (Tim, 9 Jahre)

Frauen verdrehen Männern oft den Hals.

»Lebt die echte Barbie eigentlich noch?«
(Paula, 4 Jahre)

Emil (9 Jahre): »Juri Gagarin war der erste bemannte Raumfahrer.«

Hanno (7 Jahre): »Wenn ein Mann Kinder hat, hat er auch eine Frau am Hals.«

»Wenn Frauen viele Eier essen, dann bekommen sie ein Baby.« (Kira, 6 Jahre)

Livia (6 Jahre): »Wieso heißt das eigentlich miteinander schlafen? Man ist dabei doch wach, oder?«

»Wenn Männer keine Kinder bekommen wollen, müssen sie nachts immer mit einem Kondom schlafen.«
(Charly, 9 Jahre)

»Die sogenannten Geschlechtsteile kann man nur zu zweit richtig benutzen.« (Anna, 9 Jahre)

Carlos Lehrerin ist schwanger, deshalb erklärt Mama dem Sohn zu Hause wie Babys entstehen. Carlo (7 Jahre): »Ui, das muss ich heute Nachmittag auch mal versuchen, wenn mich die Lotte besucht.«

Janis (10 Jahre): »Mama, was ist ein Kondom?« Mama erklärt es ihm sach- und fachgerecht. Daraufhin Janis, empört: »Aber dann ist ja der ganze Geschlechtsverkehr völlig umsonst!«

Ein befreundetes Paar, das ein Kind erwartet, ist zu Besuch. Benedikt (6 Jahre) deutet auf den Mann und stellt triumphierend fest: »Aha! Der hat mit der Frau sexy gemacht, stimmt's?«

Kasper (6 Jahre) wird aufgeklärt. Danach klopft er seiner Mutter auf die Schulter und meint verständnisvoll: »Gell Mama, und das wolltest du halt auch mal ausprobieren!«

»Die monatliche Blutung bei den Frauen heißt Mutation.« (Lilly, 10 Jahre)

Fanny (4 Jahre) mit skeptischem Blick auf eine besonders schlanke Frau im Kindergarten: »Die bekommt bestimmt kein Kind mehr, die isst nicht genug.«

Nach dem Aufklärungsunterricht in der Schule, fragt Kim (9 Jahre) aufgeregt ihre Mutter: »Manche Frauen nehmen Tabletten, damit sie keine Kinder bekommen. Hast du das auch schon gemacht?«
Mama, beschwichtigend: »Ja, hab ich auch schon. Weißt du, sonst hätte ich ja vielleicht schon vierzig Kinder, oder so ...«
Kim, entsetzt: »Was!? Du hattest schon vierzig Mal Sex?!«

Körper und Seele

Wenn man Kaugummi runterschlukt
Pupst man Blasen.

»Nach dem Essen hat man nicht so viel Hirn im Blut.« (Marina, 6 Jahre)

Leonie (6 Jahre) bekommt ein Buch über den menschlichen Körper geschenkt, und Mama zeigt ihr darin die einzelnen Organe. Leonie erstaunt: »Ich hab immer gedacht, die Leber ist eine Wurst? «

»Das Blut fließt in einem Kreis: Das eine Bein runter, das andere wieder hoch.« (Mark, 8 Jahre)

Arne (6 Jahre) zu einem Kindergartenfreund: »Ist dein Blut positiv oder negativ geladen?«

»Dass man einen Magen oder ein Herz hat, spürt man erst, wenn sie wehtun. Gesund ist man nur, wenn man gar nichts von sich spürt.« (Vanessa, 7 Jahre)

Eva (12 Jahre): »Der Blutdruck wurde von Johannes Gutenberg erfunden.«

»Bei guter Pflege kann das Herz der meisten Menschen ohne Weiteres ein Leben lang aushalten.« (Daria, 10 Jahre)

»Wenn man kein Gehirn mehr hat, kann man weiterleben, aber man läuft überall dagegen, weil man nichts mehr sieht.« (Jonas, 6 Jahre)

Clara (7 Jahre): »Meiner Mama kann ich immer mein Herz ausschütteln.«

»Den Weg zum Tierpark kenn ich gut. Den hab ich mir das letzte Mal ins Gehirn gelegt.« (Felix, 4 Jahre)

Ali (9 Jahre): »Die Ohren sind die Antennen des Menschen, die alle Geräusche aufnehmen. Damit ihnen nichts entgeht, muss man sie von Zeit zu Zeit putzen.«

»Wenn man den Berg hochfährt, müssen sich die Ohren immer erst aktualisieren!« (Maximilian, 9 Jahre)

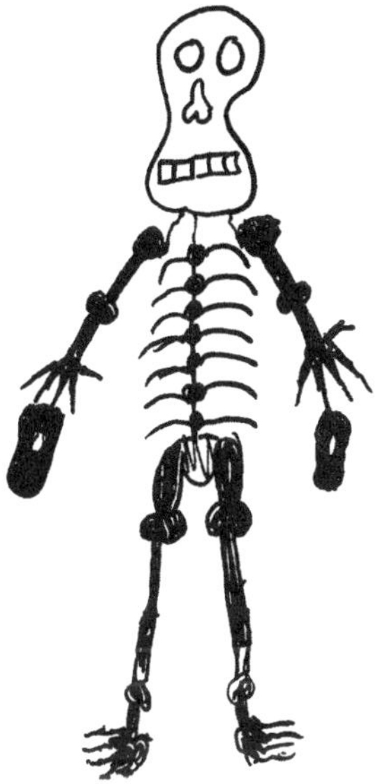

Das Skelett braucht mann damit das Fleisch daran aufgehängt werden kann.

Emily (10 Jahre) beschäftigt sich intensiv mit ihrem Körpergeruch und überlegt laut: »Jeder Mensch hat seinen eigenen Körpergeruch. Ich zum Beispiel rieche wie ein Stein.«

Antonia (3 Jahre) testet Mamas Lippenpflegestift: »Ich hab mich angelippt, meine Lippen waren schon ganz verrostet.«

»Können wir beim Zahnarzt auch neue Zähne kaufen, wenn meine ausfallen?« (Clara, 3 Jahre)

Linus (5 Jahre): »Oma, isst du gerne Süßigkeiten? Oma, stolz: »Ja, aber trotzdem sind meine Zähne noch sehr gut.« Linus: »Ich meine nicht deine Zähne, ich meine deinen dicken Bauch!«

Eva-Lotta (6 Jahre) entdeckt die wahre Bestimmung der Zunge: »Mama, meine Zunge ist eigentlich ein Waschlappen. Damit kann ich mich super sauberschlecken …«

Katrin (3 Jahre) jammert, weil sie sich am Kinn gestoßen hat. Mama: »Du Arme, wo tut es dir denn genau weh?« Darauf Katrin: »Am Bart!«

Timo (8 Jahre) umarmt seinen Papa ganz fest und meint: »Papa, ich habe dich soo lieb, ich könnte überall Pickel bekommen!« (Gemeint war Gänsehaut.)

»Alten Menschen fallen manchmal die Finger ab.«
(Jonas, 4 Jahre)

Oskar (3 Jahre) zur Erzieherin, die Hausschuhe ohne Strümpfe trägt: »Warum hast du heute Barfüße angezogen?«

»Mit achtzehn Jahren ist man vollständig.« (Ben, 7 Jahre)

Nach einem langen Kindergartentag fragt Mama beim Abholen: »Lena, du bist jetzt sicherlich ganz kaputt, oder?« Lena (2 Jahre) betrachtet sich erschrocken: »Wieso, ich bin doch noch ganz ganz?«

Mama im Zug: »Simon, bitte setz dich hin.«
Simon (3 Jahre): »Ich muss mich nicht hinsetzen, ich sitze im Stehen!«

Antons Schwester Amelie (13 Jahre) knallt nach der Schule die Türen und brüllt im Haus herum. Als Mama seufzt, tröstet sie Anton (7 Jahre): »Mama, ich glaube die Amelie hat Pubertät!«

Lenas Großeltern haben in ein paar Jahren goldene Hochzeit. Lena (10 Jahre) rechnet im Kopf nach und wehrt ab: »Keine Ahnung, ob ich da komme. Da bin ich in der Pubertät. Ich weiß nicht, ob mein Körper das mitmacht...«

Verena (6 Jahre) erzählt ihrer Freundin: »Mein Onkel hilft Menschen, wenn sie im Kopf krank sind. Er ist ein Psychopath!«

Im Kindergarten prahlt Niklas (5 Jahre): »Ich war noch nie krank!« Benedikt (6 Jahre) kontert: »Ich bin in meinem ganzen Leben noch nie gestorben!«

Beim Tod hat's die Seele eilig.

»Beim Tod wird das Leben des Menschen total zerstört.« (Max, 5 Jahre)

Emanuel (6 Jahre): »Ohne die Seele kann man nicht leben. Das ist die Menschenrüstung.«

»Ich hab immer gedacht, wenn man gestorben ist, kommt man in den Himmel. Aber alle sagen, man kommt ins Grab! Beides geht doch nicht, oder?« (Luisa, 6 Jahre)

»Die Seele ist auch im Körper drin. Die braucht man aber erst, wenn man tot ist.« (Ludwig, 7 Jahre)

Constantin (3 Jahre) berichtet vom Kindergarten: »Die Marie war heute krank.«
Mama: »Oh, was hat sie denn?«
Constantin: »Sie ist elektrisch.«
(Gemeint war allergisch.)

»Grippe ist eine sehr ansteckende Informationskrankheit!« (Lotte, 8 Jahre)

Daniela (3 Jahre) nach einer Impfung mit gequältem Gesprächsausdruck: »Mama, das war stachelig!«

Artus (5 Jahre) über den Kaiserschnitt: »Bei der Geburt bin ich aus dem Notausgang rausgekommen!«

Paula (6 Jahre) sieht sich nachdenklich im unaufgeräumten Wohnzimmer um und stellt fest: »Mein Freund Oskar dürfte nicht zu uns kommen. Der hat eine Hausstauballergie ...«

»Gestern bin ich hingefallen und hab davon einen Blutaugust!« (Greta, 6 Jahre)

Valentin (4 Jahre) erkundigt sich nach der kranken Freundin seiner Mutter: »Wie geht es eigentlich der Frau mit dem Schildkrötenbiss?« (Gemeint war Schilddrüsenkrebs.)

»Wenn man stirbt, dann wird die Seele freigelassen, damit sie in den Himmel fliegen kann.« (Selina, 8 Jahre)

Natur und Tierwelt

Weibliche Hunde heißen Hündin,
Mänliche heißen Rüdiger.

Im Kindergarten geht es beim Baumprojekt um das Thema Jahresringe. Mia (5 Jahre): »Ich weiß, wie man feststellen kann, wie alt die Tanne ist! Man muss die Nadeln zählen!«

»Am Rande der Großstädte gibt es oft Strebergärten.«
(Karen, 9 Jahre)

Michael (6 Jahre) stellt beim Waldbesuch fest: »Pilze wachsen immer in feuchten Gebieten. Deshalb sehen sie wie Regenschirme aus.«

»Wenn die Sonne auf die Pflanzen scheint, fangen sie zu schwitzen an. Das ist dann der Tau.«
(Matteo, 7 Jahre)

Celina (10 Jahre): »Die größten Säugetiere kommen im Meer vor, weil sie sonst nirgends mehr hingepasst haben.«

»Ein Fossil ist ein ausgestorbenes Tier. Je älter, desto toter.«
(Andreas, 10 Jahre)

Marvin (10 Jahre): »Der Mensch ist ein Säugetier. Er saugt sein Leben lang viel Flüssigkeit in sich hinein.«

»Damit die Milch nicht sauer wird, sollte man sie in der Kuh lassen.« (Nike, 6 Jahre)

»Meine Mama kauft nur Eier von freilaufenden Bauern.« (Raphael, 6 Jahre)

Isabella (4 Jahre) schaut mit ihrem Papa ein Buch über Bauernhoftiere an. Der Vater erklärt: »Und das ist eine Kuh. Da sind die Hörner, da ist der Schwanz, da ist das Euter. Und hier kommt die Milch raus.« Isabella deutet verständig auf die anderen Zitzen: »Genau. Und da das Cola und da die Limo.«

»Wenn einer als Pferd geboren wird, so kann er das nicht ändern. Er bleibt ein Pferd, bis er stirbt.« (Ronja, 6 Jahre)

Ella (6 Jahre): »Die Kuh hat hinten einen Schwanz und einen Püschel dran. Damit jagt sie die Fliegen fort, dass sie nicht in die Milch fallen.«

Im Früjahr werden die Schafe gefellt.

»Wie heißen die Babys von den Schafen?« Jonas (4 Jahre): »Lama!«

»Hunde haben auch noch Mundgeruch, wenn sie ein TicTac gefressen haben.« (Ben, 5 Jahre)

Felix (3 Jahre): »Meine Lieblingstiere sind Einöhrchen!«

»Die Kuh kriegt jedes Jahr ein Kalb, wie sie es macht, weiß ich auch nicht. Das Kalb ernährt sich durch Nuckeln.« (Tom, 6 Jahre)

Das Eichhörnchen aus dem Garten wurde überfahren. Max (3 Jahre) ist sehr traurig, deshalb tröstet ihn seine Mama und erklärt, dass das Eichhörnchen jetzt im Himmel ist. Max: »Kann der Papa dann nicht mit der Leiter hochklettern und es wieder runterholen?«

»Wir haben in der ganzen Verwandtschaft keinen Hund.« (Mia, 5 Jahre)

Kindergartenausflug auf den Bauernhof. Die Kühe liegen zum Teil auf der Weide, und aufgrund der kühlen Witterung kann man ihren Atem deutlich sehen. Mona (4 Jahre) irritiert: »Frau Walter, wieso brennen die Kühe?«

»Eines der nützlichsten Tiere, die wir besitzen, ist das Schwein. Von ihm kann man alles verwenden, das Fleisch von vorn bis hinten, die Haut für Leder, die Borsten für Bürsten und den Namen als Schimpfwort.«
(Paula, 7 Jahre)

Papa fragt: »Was sind Rassehunde?« Xaver (5 Jahre): »Wenn dem Hund sein Opa auch schon ein Hund war.«

Jonas (4 Jahre) sieht in einer Tiersendung, wie ein Murmeltierbaby bei seiner Mutter trinken möchte, und kommentiert: »Das Baby sucht noch die Saugnäpfe!«

Die Spielgruppenleiterin fragt: »Wer kennt ein Tier aus Afrika?« Nils (3 Jahre): »Elefant.« Alicia (3 Jahre): »Giraffe!« Lara (3 Jahre): »Ebola!«

War das mit der Giraffe ein Unfall oder wollte Gott wirklich, dass sie so aussieht?

An der Ampel steht ein Feuerwehrauto vor einem großen Baum. Felix (5 Jahre) vermutet: »Weißt du Mama, die Feuerwehr kümmert sich auch um Tiere und wickelt zum Beispiel die Schlangen von den Bäumen ab.«

»Die Kreuzotter hat Wirbel mit Kugellagern.«
(Malte, 8 Jahre)

Sara (3 Jahre) bekommt eine Babykatze. Papa dreht bei der Auswahl die kleinen Kätzchen hin und her, um das Geschlecht zu erkennen. Das Mädchen erkundigt sich: »Papa, steht auf dem Bauch, ob es eine Katze oder ein Kater ist?«

»Igitt, an der Wand sitzen ganz viele Leberknechte!«
(Willy, 4 Jahre)

Papi und Henrik stehen in einer Zoohandlung und schauen sich die Hamster an. Einer fängt an, sich ganz schnell zu putzen, wobei der ganze kleine Körper vibriert. Henrik (2 Jahre) sagt ängstlich zu Papi: »Der flimmert!«

Haben die Läuse auf meinem Kopf eigentlich Häuser und kochen die auch da oben?

»Hunde haben keine Stimmröhre wie Menschen, die können nur Wuff machen.« (Luisa, 5 Jahre)

Dennis (4 Jahre) erzählt begeistert im Kindergarten: »Ich hab zwei neue Kaninchen! Nächste Woche wird das Männchen kastriert und das Weibchen stilisiert.«

Der Hamster ist gestorben. Leni (4 Jahre) erzählt der Oma: »Den Willy hat Mama in den Garten gepflanzt.«

Paula (4 Jahre) beschwert sich bei Mama: »Ich kann nicht schlafen. Die Vögel quietschen so laut!«

»Die Blattläuse haben hinten etwas Süßes.« (Melina, 8 Jahre)

Alessia, 8 Jahre: »Der Kuckuck legt keine eigenen Eier.«

Marina veranstaltet mit ihrem Bruder ein Schneckenrennen im Garten. Emilio (5 Jahre) stellt fest: »Nacktschnecken sind schneller, weil die ihr Haus nicht tragen müssen.«

Felix (4 Jahre) fürchtet sich vor dem Bernhardiner einer Bekannten. Mama erklärt: »Schau, du musst ihm ganz vorsichtig die Hand an die Schnauze halten. Dann kann er dich beschnuppern und kennt dich.« Der Junge streckt dem Tier vorsichtig seine Hand entgegen und fragt höflich: »Und weiß der Hund jetzt auch, dass ich Felix heiße?«

Himmel und Erde

Regen wird in Wolken aufbewahrt.

»Die Wolken müssen oft große Strecken und in schnellem Tempo zurücklegen. Sie geraten dabei heftig ins Schwitzen, und dann regnet es.« (Nick, 9 Jahre)

»Ich habe keine Ahnung wie Wolken entstehen. Aber die Wolken wissen es. Und das ist ja schließlich die Hauptsache.« (Anne, 8 Jahre)

Jonathan (7 Jahre): »Wind ist wie Luft. Nur aggressiver.«

»Bei einem Gewitter muss man die Sekunden zwischen Blitz und Donner zählen, damit man weiß, wie weit es weg ist. Wenn man keinen Donner hört, wurde man getroffen, dann ist es eh zu spät.« (Pascal, 8 Jahre)

Julia (2 Jahre) sitzt bei einem Unwetter am Fenster und spielt. Plötzlich fragt sie: »Wann macht der Donner wieder Licht an?«

Opa erzählt von einem Flugzeug, das vom Blitz getroffen wurde und trotzdem weiterfliegen konnte. Carla (5 Jahre) bestätigt: »Ja! Mama wurde auch schon mal von einem Blitz getroffen. Sie ist ganz schnell mit dem Auto gefahren, und dann ist plötzlich der Blitz gekommen!« (Gemeint war eine Geschwindigkeitskontrolle.)

»Regenbögen sind zum Anschauen da. Es ist nicht so wichtig, dass man versteht wie es funktioniert.« (Lotte, 7 Jahre)

Jana (9 Jahre): »Bei einem Gewitter muss man schnell alle Fenster im Auto hochkurbeln. Dann hat man einen Fahrrad-Käfig, und der Blitz kann nicht hereinkommen.« (Gemeint war Faradayscher Käfig.)

Amelie (6 Jahre): »Wenn man ganz leise ist, kann man hören, wie der Regen auf den Blättern Musik macht.«

»Eine Pfütze ist ein Schwimmbad für Gummistiefel.« (Romy, 4 Jahre)

Manche Menschen wißen wie viel Uhr es ist, wenn siedie Sonne anschauen. Ich finde die Zahlen leider Nicht.

Luca (4 Jahre) beschwert sich: »Warum scheint die Sonne eigentlich am Tag? Da ist es eh hell. Die Sonne soll nachts scheinen!«

Johanna (5 Jahre): »Die Erde dreht sich um die eigene Achsel.«

»Die Sonne ist eigentlich ein Stern. Aber tagsüber verwandelt sie sich in eine Sonne.« (Florentine, 7 Jahre)

»Damit sich die Erde drehen kann, braucht man ganz viel Wind.« (Alex, 6 Jahre)

Carla (4 Jahre) möchte noch nicht aufstehen: »Warum ist denn die Sonne schon wieder so früh aufgewacht!«

Lehrerin: »Es kann sein, dass wir einen Stern am Himmel sehen, den es schon gar nicht mehr gibt, weil das Licht so lange braucht, bis es zu uns kommt.«
Michael (8 Jahre): »Dann kann es also sein, dass auf einmal beim Großen Wagen das Licht ausgeht.«

»Opi soll wieder vom Himmel runterfallen!« (Benedikt, 4 Jahre)

Kristofer (6 Jahre): »Auf der Milchstraße gibt es keine Verkehrsregeln.«

»Der Planet mit dem Ring heißt Satan.« (Nick, 5 Jahre)

Martin (10 Jahre): »Die Astronauten haben auch entdeckt, dass das Hinterteil vom Mond nicht so glatt und rund ist.«

»Der Mond ist ein Planet wie die Erde, nur eben toter.« (Willy, 6 Jahre)

»Die Gezeiten sind ein Kampf zwischen Erde und Mond. Das Wasser will zum Mond, weil es dort keines gibt. Die Sonne hat auch damit zu tun, aber ich hab vergessen wie.« (Alexander, 9 Jahre)

»Leider gibt es auf der Erde immer mehr alte Menschen und immer weniger neue.« (Yasmin, 7 Jahre)

Jonas (3 Jahre) hat einen Bruder bekommen, und Mama verkündet ihm am Telefon feierlich: »Das Baby ist schon auf der Welt!« Jonas, verwirrt: »Wo ist die Welt?«

»Wenn die Welt nicht 3-D wäre, dann wären wir alle so dünn wie Geschenkpapier.« (Felix, 8 Jahre)

Jana (7 Jahre) berichtet über den Urlaub: »In Spanien tanzt man Flamingo!«

Benno (6 Jahre): »Die Erde ist wie ein Knödel. Innen ist sie ganz heiß und außen abgekühlt.«

»Eine Insel ist an allen vier Seiten vom Meer umzingelt.« (Jeremy, 6 Jahre)

Anna und Paula (7 Jahre) verstehen auf der Flugreise: »Der Kapitän und die Kuh wünschen einen angenehmen Aufenthalt an Bord!«

»Südamerika hat kalte Sommer und heiße Winter. Aber irgendwie kriegen sie es trotzdem hin.« (Maurice, 10 Jahre)

In der Mitte von Florenz
ist eine große Pizza.

Simon (3 Jahre) stellt bei der Fahrt durch Holland beeindruckt fest: »Hier gibt es aber viele Drehhäuser!« (Gemeint waren Windmühlen.)

Thomas (10 Jahre): »Der Ätna ist ein sehr tätiger Vulkan. Erst im letzten Jahr hatte er wieder eine gewaltige Erektion.«

»In Italien pflanzt man Wein, Öl, Pinien und Spaghetti.« (Kilian, 7 Jahre)

Sessle (5 Jahre) wächst auf einer Nordseeinsel auf. Als sie zum ersten Mal in den Harz fährt und Berge sieht, meint sie: »Die haben aber hohe Deiche hier!«

»Der Nordpol besteht aus viel Eis und wenigen Menschen.« (Elias, 8 Jahre)

»In Norwegen wird hauptsächlich Fisch angebaut.« (Leon, 5 Jahre)

Walter (9 Jahre) über eine Wanderdüne:
»Auf diese Gegend kann man sich nicht verlassen, weil sie dauernd in den Dünen herumwandert.«

Gott und Kirche

In der Kirche muß man leise sein, weil die anderen Leute schlafen wollen.

»Lieber Gott, wenn wir uns am Sonntag in der Kirche sehen, dann zeig ich dir meine neuen Schuhe.«
(Micky, 6 Jahre)

Paula (3 Jahre): »Wir waren heute mit dem Kindergarten in der Kirche. Da haben wir uns die Verkleidungen vom Pfarrer angeschaut.«

»Ich beichte in der Kirche nur ganz wenig, damit die hinter mir nicht so lange warten müssen.« (Natalie, 9 Jahre)

Valentina (6 Jahre): »Je schlimmer die Sünde, desto härter die Buße. Ein Mörder muss mindestens fünfzig Vaterunser sprechen.«

»Der heilige Geist ist ein Gespenst, das in der Kirche wohnt.« (Elisa, 6 Jahre)

Der Pastor im Gottesdienst: »Lasset uns beten.«
Lukas (5 Jahre) unwillig zu seiner Schwester Lara:
»Wir haben doch schon zweimal gebetet...«

Felix (4 Jahre) flüstert im Vorraum der Kapelle:
»Darf ich bitte noch mal Geweihwasser haben?«

*Amelie (3 Jahre) erzählt der Oma vom Ostergottesdienst:
»Das ist lustig, der Pfarrer kommt mit der Klobürste
und macht alle ganz nass!«*

Bei der Sammlung wirft die Mutter ein Geldstück in den Korb. Clara (5 Jahre) unsicher: »Sind Kinder umsonst, Mama?«

Die Katechetin betet mit der Kommunionsgruppe das Vater Unser. Jedes Kind soll einen Satz sagen. Korbinian (9 Jahre) ist an der Reihe: »... Und führe uns nicht hinters Licht, sondern erlöse uns von den Bösen.«

*Beim Friedensgruß wundert sich Luisa (4 Jahre):
»Ist der Gottesdienst jetzt aus, oder warum geben
mir die Leute die Hand?«*

Samuel (3 Jahre) spricht das Tischgebet:
»So wie der kleine Vogel singt, so danken wir
dem Herrn, wir loben und wir BEISSEN ihn,
wir haben ihn so gern!« (Gemeint war preisen.)

»Die Evangelisten heißen Johannes, Markus und Lothar Matthäus.«
(Anton, 7 Jahre)

Tom (5 Jahre) sieht sich interessiert eine alte Familienbibel an. Als ein gepresstes Ahornblatt zwischen den Seiten herausfällt, ruft er laut: »Schau mal Mama, das Blatt von Adam!«

»Adam und Eva sind aus einem Apfelbaum gemacht worden.«
(Helen, 6 Jahre)

Laurenz (8 Jahre) besucht mit der Familie eine Laurentiuskirche. Mama: »Der heilige Laurentius war ein ganz besonderer Mensch und vor allem ein großer Heiler!«
Bruder Janis (10 Jahre) mit verächtlichem Blick auf seinen Bruder: »Der muss ja wohl eher ein großer Prügler gewesen sein …«

»Maria ist die Mutter von Jesus, und die Muttergottes ist seine Großmutter.«
(Konstantin, 6 Jahre)

Sebastian (4 Jahre) erfährt, dass der liebe Gott alles kann und allmächtig ist. Darauf geht er in sein Zimmer und sagt ganz laut: »So, lieber Gott, dann zeig mir das jetzt mal und räum meine Spielsachen auf.«

Die Weingläser vom Vorabend stehen am nächsten Morgen in der Küche. Luisa (5 Jahre): »Hattet ihr Besuch?«
Mama: »Nein, nur Papa und ich haben gestern Abend Wein getrunken.«
Luisa: »Ah, wie Jesus!«

Anna (4 Jahre): »Kriegt Gott nie Schnupfen?«

»Der liebe Gott hat die Erde erschöpft.«
(Mia, 4 Jahre)

Johanna (6 Jahre) beim Frisieren:
»Warum sollen die Haare eigentlich jeden Tag gekämmt werden? Hat das Jesus gesagt?«

Der Pfarrer ernähert
Sich von Brot und Wein.

Auf dem Weg zum Badesee kommt die Familie an einem Wegkreuz vorbei. Livia (4 Jahre): »Mama schau, Jesus hat auch eine Badehose an.«

»Lieber Gott, vielen Dank für meinen Bruder. Aber ich glaube, du hast da was verwechselt. Ich wollte eigentlich einen kleinen Hund?« (Joyce, 6 Jahre)

»Den Jesus haben sie ans Kreuz genagelt. Der hängt bei uns im Kindergarten an der Wand.« (Paula, 4 Jahre)

Lucy (6 Jahre): »Lieber Gott, bist du wirklich unsichtbar, oder ist das nur ein Trick?«

»Wenn die Polizei nachts wach ist, kann Gott schlafen.« (Paula, 4 Jahre)

Sam (6 Jahre): »Lieber Gott, bitte mach, dass ich genauso wie mein Papa aussehe, wenn ich groß bin. Nur nicht mit so vielen Haaren überall.«

»Der Himmel ist unsichtbar. Nur der liebe Gott und die Toten können ihn sehen.« (Alma, 5 Jahre)

Rahel (4 Jahre): »Mama, weißt du eigentlich, warum es in meinem Herz pocht? Weil Jesus da drinnen hin und her läuft!«

»Lieber Gott, ich finde es gibt keinen besseren Gott als dich. Das meine ich wirklich und sage es nicht nur, weil du schon Gott bist.« (Charly, 6 Jahre)

Franziska (5 Jahre) prahlt: »Ich bin viel heiliger, weil ich an Ostern Geburtstag habe!«

»Der liebe Gott hat meine Mama genauso gemacht wie mich. Er hat nur größere Teile genommen.« (Sarah, 5 Jahre)

Laura (6 Jahre) hat in der kommenden Woche aufgrund eines Feiertages schulfrei und erkundigt sich: »Was ist das für ein Feiertag?« Mama: »Christi Himmelfahrt.« Laura: »Oh toll! Fahren wir da auch mit?«

Lieber Gott, Wer macht eigendlich deine Arbeit wenn du im Urlaub bist?

»Mama, wie schafft Gott es eigentlich, alle Menschen zu lieben? In unserer Familie sind nur vier Menschen, und ich finde das schon schwierig.« (Nan, 6 Jahre)

Nick (6 Jahre) ist am Palmsonntag krank und kann nicht mit in die Kirche. Die Familie kommt mit Palmkätzchenzweigen zurück und erklärt: »Die hat man über Jesus gehalten, als er vorbeigegangen ist.« Nick, enttäuscht: »Mann. Da geh ich einmal nicht in die Kirche mit, und er taucht auf.«

Die Familie plant am Tag vor Allerheiligen den Friedhofsbesuch. Paula (5 Jahre): »Papa, wann gehen wir morgen zum Graben?«

An Allerseelen geht Jonathan (5 Jahre) mit der Oma auf den Friedhof, um am Grab der Uroma eine Kerze für sie anzuzünden. Oma fragt ihn, ob er auch noch ein Gebet sprechen möchte. Jonathan: »Komm lieber Gott und sei unser Gast und segne, was du uns bescheret hast. Amen.«

Lara (7 Jahre) wird ermahnt, weil sie versucht, die Weihnachtsgeschenke auszuspähen. Mit Unschuldsmiene verteidigt sie sich: »Ich hab fast gar nichts gesehen, ich hab doch noch so kleine Augen!«

Daniela (4 Jahre) kündigt vor Weihnachten an: »Mama, ich wünsche mir vom Christkind eine Kamera, alles für Barbie und ein Lego-Schloss.« Mama erwidert: »Ich glaube nicht, dass es dir das alles bringen kann, es möchte den anderen Kindern ja auch was schenken.« Daniela daraufhin: »Komm Mami, ich sag dir ganz leise was ins Ohr: Ich glaube, das Christkind hat sehr viel Geld ...«

»Wenn man an Weihnachten aufhört die Geschenke aufzumachen und ganz leise ist, kann man die Liebe im Raum hören.« (Bobby, 5 Jahre)

Bruno (5 Jahre): »Weiß Gott auch, ob ich brav bin oder nicht, oder nur der Nikolaus?«

Zu Weihnachten bekommt Paula (3 Jahre) eine Badepuppe geschenkt. Mama will wissen, wie die Puppe heißen soll.
Paula: »Badepuppe!«
Mama: »Aber das ist doch kein richtiger Name für eine Puppe!«
Paula: »Dann eben Jesuskind!«

»Nach dem Dreikönigstag nehmen wir den Adventskranz ab, denn dann haart er.« (Joshua, 6 Jahre)

Paulas (8 Jahre) Kommunion steht bevor, und Mama erklärt, dass es an diesem Tag keine Spielzeuggeschenke geben wird, sondern eher etwas Sinnvolles für das spätere Leben, wie beispielsweise ein Sparbuch für den Führerschein. Paula, verständig: »Ach so. Oder einen Brusthalter.«

Speis und Trank

Beim Eisessen schneit
es in meinem Bauch.

»Meine Mama kauft immer die dreckigen Nudeln, weil die gesünder sind!« (Mira, 6 Jahre)

Dominik (3 Jahre) beobachtet interessiert die aufsteigende Kohlensäure in seinem Mineralwasserglas und stellt fest: »Da regnet's nach oben.«

Mama hat gekocht, und das Ergebnis ist ziemlich misslungen, deshalb sagt sie: »Also für Gäste wär das nix!« Daraufhin Anna (7 Jahre): »Naja, für blinde Gäste vielleicht schon?«

»Ich bin Rosenkohl-Vegetarier.« (Nilay, 6 Jahre)

Benedikt (6 Jahre) schaut in Mamas Kochtopf, in dem Pilzgemüse schmort: »Iiihhh, Mama, du kochst ja wie die Hexe Lilly!«

Ella (6 Jahre) plant, wenn sie groß ist, ein Restaurant zu eröffnen: »Ich möchte, dass es bei mir alles zu essen gibt: Italienisch, Griechisch und Katholisch!«

Beim Italiener möchte Anna (7 Jahre) Parmesan über ihre Nudeln haben. Papa rutscht die Parmesanschale aus der Hand, sie fällt mit lautem Krachen auf Annas Teller. Stille und erschrockene Blicke im ganzen Restaurant. Anna starrt fassungslos auf ihren Teller und heult laut los: »Nicht so viel!«

»Limetten sind grünschmeckende Steine.«
(Tessa, 6 Jahre)

Ferdinand (4 Jahre), nachdem er Kresse probiert hat:
»Puh. Diese Pflanze habe ich überlebt!«

»Zucker wird aus Salz gemacht. Man muss nur noch etwas Süßes dazutun.« (Alexander, 4 Jahre)

Leonie (7 Jahre):
»Mama, magst du meine Pizza?
Die ist mir auf den Boden gefallen…«

»Das Essen sieht zum Totlachen aus,
aber es schmeckt prima!« (Sabine, 4 Jahre)

Wir müssen nicht vor dem Essen beten.
Meine Mama kann sehr gut kochen.

Luisa (4 Jahre) hält beim Verzehr einer Tomate plötzlich inne und starrt diese an: »Lebt die eigentlich? Hab ich die jetzt getötet?«

Es gibt Joghurt mit Heidelbeeren, Honig und Mandelsplittern zum Nachtisch. Timo (11 Jahre) stochert die ganze Zeit lustlos in seinem Dessert herum. Schließlich fragt Mama: »Was ist denn los?« Timo antwortet: »Ich schiebe nur die Fingernägel zur Seite!« (Gemeint waren die Mandelsplitter.)

Daniela (4 Jahre) bei Mc Donalds: »Ich mag Pommes und einen Erdbeerschock!« (Gemeint war Erdbeershake.)

»Mama, wann gehen wir mal wieder ins Esstaurant?« (Kasper, 5 Jahre)

Clarissa (3 Jahre) besorgt: »Papi, kommt die Mami eigentlich heute Abend wieder? Weil, sie muss ja das Abendessen machen?«

Lara (9 Jahre) überreicht ihren Eltern zu Weihnachten stolz ihr Geschenk: »Eingelegte Knofifüße! Haben wir mit der Klasse selbst gemacht!« (Gemeint waren eingelegte Knoblauchzehen.)

Im Kindergarten wird ein Picknick veranstaltet, zu dem jeder etwas mitbringen soll. Mama fragt Anton (3 Jahre), ob es ihm gefallen hat. »Ach, naja, wir hatten sehr viel gesundes Essen … Aber wir hatten zum Glück auch normales!«

Es gibt Mittagessen. Nana (4 Jahre) schiebt den Teller weg: »Krokolli mag ich nicht!« Darauf antwortet Maxima (3 Jahre): »Das heißt nicht Klokolli, sondern Blokolli!«

Lia (3 Jahre) freut sich: »Juhu, Tomaten mit Mozzarella und Gumsilibum!«

Raphael fragt Timo: »Was würdest du nie essen?« Darauf Timo (9 Jahre): »Muscheln, Menschenhaut, scharfe Gummibärchen, Fisch, Schweineaugen …«

MAMA BITE KOCHEN

Die Erzieherin fragt bei einem Ausflug der Kindergartengruppe auf den Bauernhof in die Runde: »Was ist weiß, flüssig und trinkbar?« Basti (3 Jahre): »Weißwein!«

»Können wir die Erdbeeren nicht schon als Vortisch essen?« (Katharina, 4 Jahre)

Es gibt Schweinsbraten mit Knödeln und Blaukraut. Paula (3 Jahre): »Unkraut mag ich nicht!«

»Mein Onkel ist sehr dick. Er betrinkt sich nie, aber er befrisst sich oft.« (Jana, 6 Jahre)

Es gibt Herrentorte. Lukas (6 Jahre) lehnt ab: »Mir schmeckt der Männerkuchen leider nicht.«

Marta (4 Jahre) beim Obstessen: »Pfirsiche haben keine Gefühle!«

Der Mutter ist übel. Nachdem sie sich übergeben hat, überlegt sie laut: »Ich versteh das nicht, ihr habt die Nudeln doch auch gegessen?« Paula (5 Jahre) selbstgerecht: »Ja, aber wir sind katholisch und du nicht!«

»Wenn man Hunger hat, fängt der Bauch an zu reden.« (Miro, 3 Jahre)

Lia will beim Mittagessen kein Gemüse essen. Mama möchte, dass sie wenigstens probiert. Lia (3 Jahre): »Dann musst du mich halt als Hase verzaubern, dann probiere ich auch Gemüse.«

Artus (4 Jahre) bekommt eine Tasse Früchtetee mit Beutel und stellt fest: »Mein Tee muss noch ein bisschen aufladen.«

»Zu einem Mineralwasser gehört alles, wo Mineralien drin sind, wie Eisen, Blech, Blei und andere Sachen.« (Nils, 8 Jahre)

Nicolas (4 Jahre) beim Faschingsfest: »Die orange Brause nehm ich nicht mehr. Die braust so!«

Mmh! Bienenmarmelade!

Mama stellt Charly ihre Freundin Barbara vor.
Charly (4 Jahre), verwundert: »Rhabarber?
So wie die Schorle?«

Manuel (5 Jahre) beim Abendessen:
»Mami, gib mir das Salz.«
Mami fragt: »Wie heißt das Zauberwort?«
Manuel: »Abrakadabra.«

»Mama, ich verhungere nicht,
ich vertrinke nur!« (Daniela, 4 Jahre)

Amelie (3 Jahre) zu ihrem Papa:
»Find ich schön, was du gekocht hast. Echt.
Aber ich mag keine Tomaten.«

Schule und Arbeit

Morgen geh ich nicht in die Schule.
Ich geh lieber in Rente.

*Lehrerin: »Wer weiß, was der Imperativ ist?«
Michi (7 Jahre): »Ich glaub, das gibt es bei meinen Eltern immer vor dem Essen.«*

Theos neuer Religionslehrer hat eine dunkle Hautfarbe. Theo (6 Jahre) erklärt irritiert, als er von der Schule nach Hause kommt: »Mama, ich glaube unser Lehrer ist einer von den Heiligen Drei Königen!«

»Man muss in der Schule nicht alles kapieren. Hauptsache, man kann es.« (Louis, 6 Jahre)

Madita (6 Jahre) zur Lehrerin: »Was arbeitest du eigentlich, wenn du nach Hause gehst?«

*»Bei den Menschen heißt die Dressur Erziehung.«
(Malte, 7 Jahre)*

Isabella (9 Jahre) hat Fahrradprüfung in der Schule und erklärt dem Polizisten: »Beim Spiegeleizeichen hat man Vorfahrt.«

Hausaufgabe zum Thema Vergangenheitsformen von Luke (9 Jahre): »Ich knobele, ich knobelte, ich bin geknebelt.«

Matti (8 Jahre) erzählt stolz vom Malunterricht: »Meine Lehrerin hat mich heute gelobt, weil ich künstlich begabt bin!«

Elisabeth (9 Jahre): »Heute ist es so stürmisch. Bestimmt bekommen wir schulfrei.«
Mama: »Schulfrei gibt es wegen Sturm nicht, das wäre mir neu.«
Elisabeth: »Doch, Mama, so etwas gibt es! Mir fällt nur der Name nicht ein…«
Nach einer kurzen Denkpause ruft sie erleichtert: »Jetzt weiß ich's wieder! Sturmfrei!«

»In der Jugend lernt das Kind viel leichter als im Alter.«
(Kilian, 10 Jahre)

»Auf Arbeitsblätter muss man immer laut und deutlich seinen Namen schreiben.«
(Ferdinand, 6 Jahre)

Die Schule verschwendet
so fil zeit.
5 Stunden am Tag!

Lukas (8 Jahre) beschwert sich nach der Schule: »Wir müssen als Hausaufgabe so ein doofes Gedicht lernen.« Mama: »Was denn für ein Gedicht?« Lukas: »Irgendwas mit 'nem Vater und 'nem Unser.«

»Mama, ich brauche für die Schule ein kastriertes Heft.« (Leopold, 7 Jahre)

Nach dem Einschulungsgespräch mit der Lehrerin schlägt Mama dem Sohn an der Tür vor, noch ins Café zu gehen. Lehrerin: »Naja, Kaffee ist ja vielleicht noch nichts für dich, oder?« Hannes (5 Jahre): »Ja, aber Bier schmeckt auch nicht so toll.«

Die Eltern erzählen den Kindern, dass man mit guten Noten später bessere Chancen auf einen Job hat, der viel Spaß macht. Lukas (5 Jahre) denkt eine Weile nach und fragt dann: »War der Pastor eigentlich nicht so gut in der Schule?«

»Die wichtigsten und interessantesten Berufe sind Gott und Feuerwehr.« (Bastian, 6 Jahre)

Raphael (4 Jahre): »Der liebe Gott macht die Welt, und die Bauarbeiter bauen dann die Häuser!«

Morgens wünscht Tobias (7 Jahre) seinem Papa, der in die Arbeit geht, zum Abschied viel Glück. Der Papa ist verdutzt: »Wieso wünschst du mir denn viel Glück?« Tobias: »Naja, viel Spaß wirst du ja wohl in der Arbeit nicht haben!«

Stella (3 Jahre) soll die Butter in die Küche bringen und ist wenig begeistert. »Mama, wenn die Menschen keine Kinder haben, wer arbeitet dann für die?«

»Mein älterer Bruder musste zum Militär, denn er ist gewehrpflichtig.« (Anita, 6 Jahre)

Hannes (5 Jahre): »Mein Papa war früher Soldat, aber jetzt ist er nur noch ein ganz gewöhnlicher Papa.«

»Wenn ich groß bin, will ich Japaner werden.« (Oli, 3 Jahre)

Vincent (6 Jahre): »Die Polizei hilft uns bei Einbruch, Diebstahl und sogar Mord.«

»Wenn Papa am Computer arbeitet, geht immer der Apfel an, den die Maus angebissen hat.« (Simon, 3 Jahre)

Berufswunsch von Franz (5 Jahre): »Rasenmähermann.«

Karl (4 Jahre): »Ich möchte später nicht arbeiten. Ich möchte lieber Pilot werden.«

»Mao war ein berühmter, chinesischer Komponist.« (Rosalie, 12 Jahre)

»Ich will Marienkäferpflegerin werden, wenn ich groß bin; und wenn das nicht geht, dann werde ich halt Kindermarienkäferpflegerin!« (Amelie, 6 Jahre)

Julius (5 Jahre) erklärt der Erzieherin im Kindergarten: »Meine Mama arbeitet. Aber ihr könnt ja nicht arbeiten, weil ihr auf uns aufpassen müsst!«

EL KAWE
FARA

»Im Theater gibt es eine Friseuse, die den Text einsagt, wenn man ihn vergessen hat.« (Tessa, 6 Jahre)

Mama erklärt Nadine im Supermarkt, dass sie nur ein kleines Spielzeug kaufen können, weil die anderen zu teuer sind. Nadine (3 Jahre): »Warum verdienst du nicht mehr, Mama?«

»Die Chirurgen setzen sich Masken vor Mund und Nase, damit sie nicht auch vom Narkosegas betäubt werden.« (Lasse, 10 Jahre)

»Gibt es Diebe eigentlich auch in lieb?« (Nicola, 3 Jahre)

Filippa (8 Jahre): »Ich möchte Restaurateur werden, weil ich so gut kochen kann.«

Sara (10 Jahre) nachdenklich, in einem Gespräch über Rechtsanwälte: »Mama, was macht eigentlich ein Linksanwalt?«

»Vor dem Frühstück sollte man nicht arbeiten. Aber wenn man vor dem Frühstück arbeiten muss, sollte man zuvor etwas essen.« (Leandra, 6 Jahre)

Robin (7 Jahre): »Ich möchte meinen Eltern nicht immer in der Tasche herumliegen, sondern mein Geld selber verbrauchen.«

Mama verlässt voll bepackt mit beiden Kindern das Haus. Julia (4 Jahre) bemerkt anerkennend: »Mann, Mama, kannst du viele Sachen tragen!« Darauf sagt Timo (7 Jahre): »Klar, sie war doch früher Dienerin!« (Gemeint war Bedienung.)

»Wenn der Schutzmann die Arme gespreizt hat, will er damit verkünden, dass er gerade keinen fahren lässt.« (Nilay, 9 Jahre)

»Rentner wäre ich auch gern. Nur das ewige Spazierengehen würde mich nerven.« (Max, 5 Jahre)

»Mama, wer verdient eigentlich das Geld,
wenn du alt bist?« (Laetitia, 5 Jahre)

Bei einer Autofahrt entdeckt Mama am
Straßenrad einen Mann mit Laserpistole:
»Oh, eine Geschwindigkeitskontrolle!
Da steht die Polizei mit der Pistole!«
Jonathan (5 Jahre), unsicher:
»Und die schießen dann auf die Reifen,
wenn einer zu schnell ist, oder?«

Logik und Halbwissen

Eine Oper ist ein ziemlich großes Lied.

Lina (8 Jahre): »Beethoven war so taub, dass er laute Musik schrieb.«

»Wenn zwei Menschen gleichzeitig singen, heißt das Duell.« (Emil, 9 Jahre)

Benno (7 Jahre): »Eine Harfe ist ein nacktes Klavier.«

»Wenn man nach New York telefonieren will, liegt dort die Zeit mindestens sechs Stunden zurück. Das liegt wahrscheinlich daran, dass Amerika nach uns entdeckt wurde.« (Marilia, 9 Jahre)

»Die Einwohner von Moskau heißen Moskitos.« (Nino, 8 Jahre)

Greta (5 Jahre) mitfühlend über ihre neue Freundin: »Die Anisa hat den längsten Weg zum Kindergarten. Die kommt aus Afrika.«

»In Mallorca spricht man majonesisch.« (Leon, 7 Jahre)

Die Mutter erklärt ihrem Sohn, dass leider in diesem Jahr kein Platz für ihn im Kindergarten ist. Elias (3 Jahre) verwirrt: »Wieso habe ich denn keinen Platz – ich bin doch ein Kind und kein Dinosaurier?«

»Wenn man dieses Geräusch hört, aber kein Elefant in der Nähe ist, dann ist es eine Trompete.« (Nino, 7 Jahre)

Mama: »Hm, du bist mein Augapfel.«
Amelie (4 Jahre): »Ist das gut?«
Mama: »Ja, sehr!«
Amelie: »Ah… dann bist du meine Augbirne.«

Magda (10 Jahre):
»Die Kartoffel besteht aus Stärke und Kraft.«

»Es gibt sechsundzwanzig verschiedene Vitamine. Manche Buchstaben wurden aber noch nicht entdeckt. Wenn man die findet, kann man ewig leben.« (Henri, 10 Jahre)

Carla (2 Jahre) schleckt genüsslich den Seifenschaum von den Händen, weshalb Mama sagt: »Oh, nicht die Seife essen!« Darauf Carla: »Aber mein Bauch ist innen schmutzig!«

Bei der ärztlichen Vorsorgeuntersuchung macht Jan (3 Jahre) den Sprachtest. Er soll Singular und Plural bilden. Eine Bildkarte zeigt ein Auto, eine zweite mehrere Autos. Jan sagt zur Plural-Karte: »Da ist ein Auto, noch ein Auto und noch ein Auto.« Die Ärztin hilft: »Jan, was ist das? Das hier ist e i n Auto. Und was siehst auf der anderen Karte?« Jan: »Einen Stau.«

»Kondolieren ist gratulieren, wenn jemand gestorben ist.« (Tobias, 8 Jahre)

Leo (6 Jahre) liest ein Werbeplakat und fragt: »Was ist ein Krimidinner?« Jakob (6 Jahre): »Da wird im Restaurant einer erschossen und die anderen müssen rausfinden, wer der Mörder war.« Leo: »Das wär mir aber zu gefährlich.«

Bruno (5 Jahre): »In vielen Filmen spielen Tote mit, denn Filme sind manchmal sehr alt.«

Gatenzwerge haben rote Müzzen
Damit sie beim rasenmähen nicht
Überfarenwerden.

»Wenn man von einer Lawine verschüttet wird, muss man nur den nächsten Lawinenhund anrufen.«
(Janis, 6 Jahre)

Jane (6 Jahre): »Warum lässt Gott die Menschen sterben und nachwachsen? Er könnte doch einfach die behalten, die schon auf der Erde leben?«

»Das Gemeine am Kohlenmonoxid ist, dass man es erst merkt, wenn man schon tot ist.«
(Jonas, 12 Jahre)

»H2O ist heißes Wasser, und CO2 ist kaltes Wasser.«
(Milena, 12 Jahre)

Lukas (8 Jahre) hat schon wieder etwas fallen gelassen. Auf den genervten Blick der Mutter erwidert er mit Unschuldsmiene: »Das war die Schwerkraft!«

»Die Jahre, in denen der Februar neunundzwanzig Tage hat, nennt man Wechseljahre.« (Gabriel, 7 Jahre)

Bob (10 Jahre): »Ich weiß was ein Sextett ist, aber ich sag's lieber nicht.«

»Eineiige Zwillinge sind solche Zwillinge, die nur ein Ei zur Verfügung haben.« (Lia, 8 Jahre)

»Ich bin am 27. Juli geboren. Komisch, genau an meinem Geburtstag.« (Lotte, 4 Jahre)

Henrik (3 Jahre) wird gefragt, ob er auch einmal Papa sein möchte. Nach langem Nachdenken, fragt er: »Wenn ich ein Papi bin, wer ist dann der Henrik?«

»Meine große Schwester ärgert mich immer. Aber meine Mama sagt, dass sie das macht, weil sie mich mag. Also ärgere ich meine kleinere Schwester auch.« (Bethany, 4 Jahre)

Jonas (6 Jahre) betrachtet nachdenklich seine Haut: »Warum gibt es eigentlich keine Vatermale?«

Es gibt einäugige und zweiäugige Zwillinge.

Mina (3 Jahre): »Die Emma ist meine Freundin. Und die Sabine ist ihre Mama. Weil, die bedient die Emma.«

Noemi (4 Jahre): »Luftballons muss man gut zuknoten, damit sie nicht auslüften.«

»Bei einer Vibration kann sich die Bewegung nicht entscheiden, in welche Richtung sie gehen will.« (Laurin, 10 Jahre)

»Ein Vakuum ist absolut nichts. Es wird bloß erwähnt, damit es weiß, dass wir wissen, dass es da ist.« (Kai, 10 Jahre)

Mama versucht das Licht im Kinderzimmer einzuschalten und wundert sich: »Warum geht denn die Lampe nicht?« Darauf Kian (2 Jahre): »Weil Sonntag ist.«

»Ein Kreis ist eine Figur mit null Ecken und nur einer Seite.« (Felix, 8 Jahre)

Lea (8 Jahre):
»Ein rechter Winkel hat neunzig Grad Celsius.«

Beim Einkaufen kramt Mama vor der Kasse in ihrem Geldbeutel. Tom (6 Jahre) schlägt vor: »Warum nimmst du nicht die Karte? Dann ist es umsonst, und wir müssen kein Geld ausgeben.«

Nach dem Terroranschlag in Paris ist Mama ganz traurig und wird von Leonie (10 Jahre), die das Ereignis mitbekommen hat, getröstet: »Ach Mama, weißt du, je mehr Terroristen sich in die Luft sprengen, desto weniger werden es ja auch …«

»Ein hinterlistiger Gauner ist, wenn man sich eine Liste macht, was man alles klauen möchte.«
(Miriam, 6 Jahre)

»Die Abgeordneten sind gegen alles immun.«
(Magdalena, 12 Jahre)

Früher und heute

Die Bewohner Ägyptens
wurden Mumien genannt.

Im Kindergarten erzählt die Erzieherin über die Erdgeschichte: »Die Steinzeit ist sehr, sehr lange her!« Basti (5 Jahre): »Ich weiß! Da war sogar mein Opa noch ganz klein!«

»Nur die fiesen Menschen stammen vom Affen ab, die guten von Adam und Eva.« (Robin, 8 Jahre)

Tobias (3 Jahre) blättert in seinem Dinobuch und sagt dann: »Gell Papi, die Dinosaurier sind in der Vergangenheit gefangen.«

»Die Erde war zuerst flüssig und dann erkältet.« (Lukas, 7 Jahre)

»Vor ungefähr einer Million Jahre sind die Menschen auferstanden.« (Roman, 5 Jahre)

Luisa (7 Jahre): »Papa, kannst du mir das mit dem Urwaldknall noch mal erklären?«

»Der größte Dinosaurier war der Bronchitis, aber er ist leider ausgestorben, weil er so viel gehustet hat.«
(Julia, 6 Jahre)

Thomas (5 Jahre): »Vor langer Zeit haben sich die Affen in die Menschen verwickelt.«

»Der Ötzi war ein Übergangsmensch zwischen der Steinzeit und der Eiszeit, den man im Himalaja ausgegraben hat.« (Karl, 7 Jahre)

»In der Bronzezeit entstanden folgende Berufe: Jäger und Gammler.« (Lina, 11 Jahre)

Opa unterhält sich mit Len über die Entwicklungsphasen der Menschheit und fragt: »Weißt du auch schon, was nach der Steinzeit kam?« Len (8 Jahre): »Das Mittelalter mit der Eiszeit und den Mammuts!« Pause. »Oder war das ein Jahr später?«

»Die Ägypter bauten Pyramiden in Form eines riesigen, dreieckigen Würfels.« (Gerrit, 9 Jahre)

Leo (6 Jahre):
»Mumien sind eingemachte Könige in Ägypten.«

»Ganz früher gab es die Steinzeitmenschen, danach kamen die Römer und dann erst die echten Menschen.« (Joni, 8 Jahre)

Ferdinand (6 Jahre): »In Ägypten hat man die Toten in Klopapier eingerollt.«

»Die Christen wollten, dass sich alle Menschen lieben, und sie taten das auch bei jeder Gelegenheit. Da hatten aber die Römer was dagegen.« (Finn, 12 Jahre)

In der Schule geht es um Wunder, die Jesus vollbracht hat. Nino (8 Jahre): »Als Jesus von den Toten auferstanden ist, war das größte Wunder, dass er den großen Grabstein wegrollen konnte!«

Christian (10 Jahre):
»Ohne die Griechen hätten wir keine Geschichte.«

Die Römer haben so lange gekriegt, bis sie ausgestorben sind.

In der Glyptothek besichtigt die Familie die griechischen Statuen. Tillmann (7 Jahre) irritiert: »Mama, wieso haben die denen allen den Pimmel abgebrochen?«

»Von Homer weiß man nicht richtig, wie und wo er geboren wurde.« (Natascha, 11 Jahre)

Louis (8 Jahre) berichtet in der Schule vom Urlaub: »Wir haben in den Ferien ein Amphibientheater angeschaut.«

»Das Trojanische Pferd war nur außen ein Pferd. Innen war es ein Wohnmobil.« (Matteo, 11 Jahre)

Valentin (6 Jahre) erklärt seiner Schwester beim Spielen mit seiner Ritterburg: »Die Ritter hatten viele Waffen: Schwerter, Lanzen und Kackapulte.«

»Man nannte Ludwig XIV. Sonnenkönig, weil er ein so strahlendes Lächeln hatte.« (Raffael, 12 Jahre)

Lars (12 Jahre): »Die Periode der Königin Elisabeth dauerte dreißig Jahre.«

»Im Mittelalter wurden die Leute nicht so alt wie früher. Sie hatten auch nicht so starken Verkehr.«
(Kai, 10 Jahre)

Janis (10 Jahre): »Die Amerikaner vergessen manchmal, dass sie ja fast alle von uns abstammen, dass sie also ohne uns Amerika gar nie entdeckt hätten.«

Kindergartenprojekt übers Mittelalter.
»Gab es im Mittelalter Sport?«
Torben (5 Jahre): »Ja, Sackhüpfen, Sackkarrenrennen, Fußball.«
»Was aßen Menschen im Mittelalter?«
Nanuk (5 Jahre): »Getötete Menschen, die gestorben sind.«
»Was verstanden die Menschen früher unter Medizin?«
Wanda (6 Jahre): »Sie mussten scharfe Medikamente aus Minze und heißem Wasser verstampfen, aussieben, Flasche und fertig!«

Heute gibt es nur noch wenige die wie Neandertaler aussehen.

»Im Dreißigjährigen Krieg nannte man die besten und stärksten Soldaten Muskeltiere.« (Selina, 11 Jahre)

Hannes (8 Jahre) bemerkt an Mamas vierzigstem Geburtstag: »Wenn du im Mittelalter gelebt hättest, wärst du jetzt schon lange tot.«

»Früher ist man nicht mit dem Auto, sondern mit dem Pferd gefahren.«
(Niklas, 6 Jahre)

Felix (8 Jahre): »Im Mittelalter konnten die freien Bauern heiraten und jagen, wann und wen sie wollten.«

»Im Mittelalter sind die Leute sehr jung gestorben. Heute weiß man: Wer früher stirbt, ist länger tot.«
(Marla, 11 Jahre)

In einem Gespräch über die Queen, stellt Lea (10 Jahre) fest: »Die heutigen Könige und Königinnen stehen eigentlich hauptsächlich zur Dekoration da.«

»Früher war Sex verboten. Aber heute ist es erlaubt und macht Spaß.«
(Mika, 9 Jahre)

Ludwig (9 Jahre): »Hexen wurden damals verbrannt, und heute steckt man sie ins Gefängnis. Heute können sie Rechtsanwälte bekommen, damals waren sie auf sich gestellt.«

»Heutzutage sind Kühe nicht mehr so wichtig wie früher, vor allem in den Großstädten. Hier gehen wir in den Supermarkt und holen uns Milch im Karton.«
(Kilian, 7 Jahre)

Bendix (10 Jahre): »Moderne Musik ist, wenn ganz andere Töne angeschlagen werden, als man erwartet.«

Lia (6 Jahre) ruft glücklich an ihrem Geburtstag: »Endlich bin ich sechs! So alt wie heute war ich in meinem ganzen Leben noch nicht!«

Verliebt, verlobt, verheiratet

Man kann entweder Heiraten oder nur Mann sein.

Marta (5 Jahre): »Ich finde Liebe doof,
weil da immer ein Junge dabei sein muss.«

»Man sollte sein Leben lieber mit der Liebe verbringen, statt arbeiten zu gehen.« (Tom, 7 Jahre)

Andreas (9 Jahre): »Wenn man Sommersprossen hat, muss man eben auch jemand mit Sommersprossen finden. So funktioniert Liebe.«

»Bei der Liebe kommt es nicht immer auf Schönheit an. Ich sehe zum Beispiel sehr gut aus und habe auch noch niemand zum Heiraten gefunden.«
(Moritz, 7 Jahre)

William (7 Jahre): »Mir tut der Kopf weh, wenn ich an Liebe und so'n Zeug denke. Ich bin ja noch ein Kind, solche Probleme brauch ich nicht.«

»Mit der Liebe hab ich's nicht eilig.
Ich finde die fünfte Klasse schon schwer genug.«
(Regina, 10 Jahre)

»Warum man sich verliebt, weiß ich nicht. Aber ich hab mal gehört, es hat etwas damit zu tun, wie man riecht. Deshalb sind Deos und Parfüm auch so beliebt.« (Jan, 9 Jahre)

Leo (7 Jahre): »Wenn das mit der Liebe so ist, wie mit dem Lesen lernen, will ich das nicht. Das dauert mir viel zu lang.«

»Liebe ist, wenn Mama Papa auf dem Klo sieht und das nicht eklig findet.« (Mark, 6 Jahre)

Flori (9 Jahre): »Liebe ist Blödsinn …, aber vielleicht probier ich's trotzdem irgendwann mal aus.«

»Wenn man von jemand geliebt werden möchte, der noch nicht in der Familie ist, schadet es nicht, gut auszusehen.« (Anita, 8 Jahre)

Sarah (9 Jahre): »Verliebte machen sich füreinander immer sehr hübsch. Wenn sie wieder nur Jeans anhaben, ist es meistens vorbei.«

Wenn man will, dass sich jemand in einen verliebt, sagt man am besten, dass einem ganz viele Süßigkeitenläden gehören.

»Wenn man in ein Mädchen verliebt ist, führt man es am besten zum Essen aus. Es sollte aber etwas sein, das sie mag. Pommes funktionieren bei mir meistens ganz gut.« (Bart, 9 Jahre)

»Es ist sehr schwer ›Ich liebe dich‹ zu sagen. Die meisten sind froh, wenn es raus ist und sie endlich essen können.« (Dirk, 7 Jahre)

John (9 Jahre): »Verliebte halten oft Händchen, weil sie schon für die Hochzeit üben, wo man in der Kirche den Gang entlanggehen muss.«

»Liebe ist, wenn man einem Jungen sagt, dass sein T-Shirt schön ist, und er es dann jeden Tag anzieht.« (Noelle, 7 Jahre)

»Den Namen der Frau sollte man auf keinen Fall vergessen. Das macht die Liebe kaputt.« (Tom, 8 Jahre)

Karen (7 Jahre): »Wenn man jemanden liebt, dann gehen die Wimpern rauf und runter und aus den Augen kommen kleine Sterne.«

»›Ich liebe dich‹, darf man nur sagen, wenn man es wirklich ernst meint. Aber dann sollte man es ganz oft sagen. Weil Erwachsene sind so vergesslich.« (Jessica, 8 Jahre)

Michael (8 Jahre) zum Thema Küssen: »Ich seh das so: Man kann es machen, wenn es einem gefällt. Aber wir leben in einem freien Land, deshalb sollte niemand dazu gezwungen werden.«

»Wenn man verheiratet ist, sollte man gut küssen können. Das lenkt dann die Frau davon ab, dass man den Müll nie rausbringt.« (David, 8 Jahre)

Julia (6 Jahre) unterhält sich mit ihrer Freundin Lea: »Küssen ist einfach. Ich hab ganz viel mit Ken und Barbie geübt.«

»Wenn Leute verliebt sind, dann küssen sie sich die ganze Zeit. Wenn das vorbei ist, wollen sie aber immer noch zusammen sein und reden dann mehr. So ist das bei meinen Eltern. Es sieht schrecklich aus, wenn sie sich küssen.« (Emily, 8 Jahre)

Küssen darf man erst mit 18.

»Küssen lernt man am besten, wenn man es selbst ausprobiert. Ich kann es schon ziemlich gut.«
(Jana, 8 Jahre)

Marie (10 Jahre): »Einen Jungen zu küssen ist immer schlimm, weil die so sabbern. Deshalb hab ich damit aufgehört.«

»Wenn man sich schon eine Weile kennt, heiratet man. Der Junge sagt dann: ›Ich will den Rest meines Lebens mit dir zusammen sein. Oder zumindest bis wir Kinder haben und geschieden werden.‹«
(Anita, 9 Jahre)

Die vierköpfige Familie ist in der Stadt unterwegs und auf einmal geht im Gedränge der Vater verloren. Mama, nervös: »Das gibt es nicht, der muss doch irgendwo sein!« Woraufhin Sarah (5 Jahre) sie beruhigt: »Mami, das macht doch nichts. Wenn der Papi verloren gegangen ist, dann heiratest du eben einfach einen anderen Mann!«

»Wenn man heiratet, verspricht man sich, dass man gemeinsam durch viele Krankheiten bis zum Tod geht.« (Marlon, 10 Jahre)

Merle (6 Jahre): »Meine Eltern haben gestern erzählt, dass sie sich das erste Mal beim Skifahren getroffen haben. Wo haben sich deine kennengelernt?«
Elisabeth (6 Jahre):
»Ich glaube auf ihrer Hochzeit.«

Eva (6 Jahre): »Ich heirate ganz sicher den Thomas, wenn ich achtzehn bin.«
Mama: »Aber was machst du, wenn du dich bis dahin in einen anderen Mann verliebst?«
Eva: »Dann mach ich EneMeneMu.«

»Es gibt kein bestes Alter zum Heiraten. Man muss wirklich blöd sein, um heiraten zu wollen.« (Freddie, 6 Jahre)

Lena (10 Jahre): »Also ich heirate mal einen Mann, den man erziehen kann!«

Bevor man heiratet muss man erst einen Heiratsantrag ausfüllen.

»Das beste Alter zum Heiraten ist dreiundzwanzig, weil du da deinen Ehemann schon mindestens zehn Jahre kennst.« (Camilla, 10 Jahre)

John (9 Jahre): »Liebe ist wie eine Lawine, vor der man davonlaufen muss.«

Auf der Hochzeit von Bekannten der Eltern unterhält sich Henry (6 Jahre) mit Niko (8 Jahre): »Ich möchte nicht heiraten. Als Mann muss man dann die ganze Zeit die kaputten Sachen reparieren.«

»Wenn ich mal heirate, weiß ich eine Sache: Ich werde nie mit meiner Frau Sex haben. Das ist total eklig.« (Theodor, 8 Jahre)

Marie (6 Jahre): »Ich heirate mal den Papa.« Mama: »Marie, das geht leider nicht. Den kannst du nicht heiraten, er ist doch schon mein Mann ...« Marie, panisch: »Aber wen soll ich denn dann heiraten!?«

»Meine Eltern haben geheiratet, weil mein Papa die besten Spaghetti macht, die es gibt. Und meine Mama isst sehr viel.« (Antonio, 6 Jahre)

Ronja (8 Jahre): »Wenn ich mal verheiratet bin, will ich die Arbeiterin sein. Mein Mann soll dann Hausmann werden.«

»Wenn Mann und Frau nicht verheiratet sind, bekommen sie unehrliche Kinder.« (Marlene, 6 Jahre)

Angela (10 Jahre): »Die meisten Männer sind dumm. Deshalb muss man manchmal öfters heiraten.«

»Verheiratete Paare erkennt man daran, dass sie sich gerne mit anderen Leuten unterhalten.« (Eddie, 6 Jahre)

Eltern und Großeltern

Ohne Mama kann mann die Familie zusperren.

Frühmorgens kommt Martin (4 Jahre) ins Elternschlafzimmer. Papa: »Ja, wer kommt denn da?« Darauf Martin beleidigt: »Wenn mich hier keiner kennt, dann geh ich eben wieder!«

Anna (8 Jahre) wünscht sich immer etwas, wenn ihr eine Wimper ausfällt. Als sich Mama im Bad schminkt und vorsichtig mit der Pinzette Klumpen von Mascara entfernt, meint sie fassungslos: »Also echt Mama, man kann sich doch nicht einfach die Wimpern extra ausreißen!«

»Papa, du bist ein hübsches Mädchen.«
Katrin (3 Jahre)

Greta (6 Jahre) beobachtet am Strand ein Paar mit einem Hund, das sich lautstark streitet, und meint mitleidig: »Der arme Hund, der hat ganz schön schwierige Eltern!«

»Mama, wenn ich dich anschau, bin ich ganz blind vor Liebe!« (Nick, 7 Jahre)

Mama kommt vom Friseur. Felix (3 Jahre): »Du schaust schön aus. Wie … wie ein Elefant.« Mama fragt entsetzt, was er damit meint. Darauf erklärt Felix: »Die haben auch so große Ohren, die so wackeln wie deine Haare.«

Daniela (4 Jahre): »Papa, ich weiß schon, was die Mama im Bauch hat!«
Papa: »Das ist fein. Aber sag es mir bitte nicht, ich will mich überraschen lassen.«
Daniela: »Gut, dann sag ich es dir nicht. Aber ein Mädchen ist es nicht!«

Lia (3 Jahre) bemerkt nach dem Bohneneintopf: »Die ganze Familie stinkt, aber die Mama am wenigsten.«

»Mama hat Papa ausgesucht, aber jetzt gehört er unsrer ganzen Familie.« (Merle, 6 Jahre)

Henrik (3 Jahre) kommt ins Elternschlafzimmer und stellt fest: »Hier ist gar kein Platz! Wo schlafe ich denn, wenn ich groß bin?«

Lina soll Mittagsschlaf machen. Mama sagt: »Lina, schlaf jetzt. Ich hab dich lieb.«
Lina (2 Jahre): »Mama, ich hab dich soo lieb, dass ich gar nicht schlafen kann!«

Paul (5 Jahre) streng zu seiner schwangeren Mama: »Dein Baby kommt aber nicht in mein Zimmer!«

Henrik (3 Jahre): »Ich muss mal!«
Papi: »Dann geh doch.«
Henrik: »Du sollst mitkommen!«
Papi: »Das schaffst du doch ganz allein.«
Henrik: »Ohne dich kann ich mich aber noch nicht so gut beeilen!«

Biggi (6 Jahre) zu ihrer Mama: »Wenn ich erwachsen bin, möchte ich trotzdem, dass du immer bei mir bist!« Als ihre Mama sie gerührt in den Arm nimmt, erklärt sie auch warum: »Dann habe ich immer jemanden für die Kinder und den Haushalt!«

»Mama, du bist schon hübscher als ein Geier.«
(Valentin, 5 Jahre)

Marlene streicht über Mamas unrasierte Beine und ruft dann entsetzt: »Mama, du Arme! Du hast ja lauter Schiefer!!!« (*Schiefer* – süddeutsch für Spreißel, Splitter.)

Papa schickt Mia, die noch länger aufbleiben will, ins Bett. Später will ihm seine Tochter keinen Gute-Nacht-Kuss geben. Papa, verwundert: »Warum denn nicht?« Mia (6 Jahre): »Da kannst du jetzt mal in dein Zimmer gehen und dir überlegen, was du falsch gemacht hast!«

»Mama, wenn ich dich so fest drücken würde, wie ich dich lieb hab, wärst du so platt wie eine Briefmarke!«
(Tobias, 6 Jahre)

Flora (7 Jahre): »Wenn Mama sauer auf Papa ist, sollte man sich nicht von ihr die Haare kämmen lassen.«

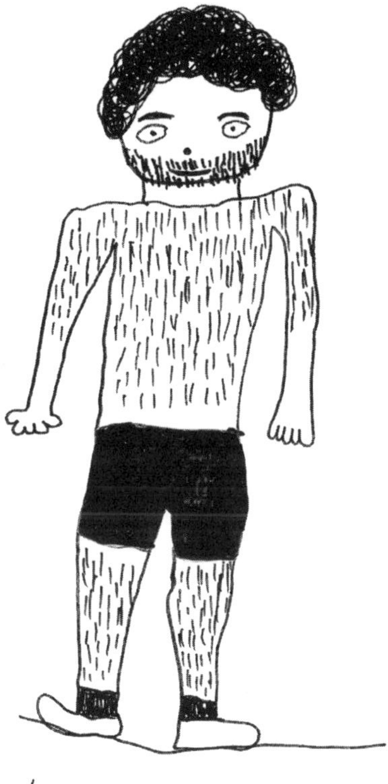

Papa hat auf der Brust und am
Bein auch einen Bart.

»Nach dem Rasieren reibt sich mein Vater immer mit einem After-Schaf ein. Das stinkt furchtbar.« (Alina, 6 Jahre)

»Mama, wenn ich erwachsen bin, dann kriegst du von mir Taschengeld!« (Anna, 8 Jahre)

Teresa (10 Jahre) verabredet sich am Telefon mit ihrer Freundin Sara zum Joggen: »Super, dann bis später. Mein Papa läuft übrigens auch mit.« Pause. Dann fügt sie leise hinzu: »Aber der läuft hinter uns ...«

»Wenn man adoptiert wird, dann wächst man nicht in Mamas Bauch, sondern in Mamas Herz.« (Jocelyn, 7 Jahre)

Ludwig (6 Jahre): »Morgens bist du nicht so schön, gell Mama?«

Lori (8 Jahre) auf die Frage, was Mama und Papa gemeinsam haben: »Beide wollen keine Kinder mehr.«

Mia (6 Jahre) spielt mit ihrem Puppenhaus. Mama kommt dazu und fragt: »Na, soll ich mitspielen? Welche Puppe darf ich denn sein?«
Mia: »Die, die putzt.«

Papa: »Sagen wir uns gute Nacht? «
Carla (2 Jahre): »Nö!«
Papa: »Aber dann bin ich ja traurig!«
Carla: »Tja. So ist das eben manchmal.«

Mama erklärt, dass alte Leute nicht mehr wachsen, sondern wieder etwas kleiner werden.
Lia (3 Jahre): »Mama, wenn du Oma und geschrumpft bist und wieder so groß bist wie ich jetzt, dann bekommst du all meine Kleidung und meine Spielsachen! Und ich werde dich dann auch rumtragen.«

»Die neuen Zähne von meinem Opa sind zu seiner Zufriedenheit ausgefallen.«
(Malte, 10 Jahre)

Manche Omas haben genau dasselbe Muster im Gesicht.

Die Zwillinge Paula und Anna (3 Jahre) waren gerade zehn Tage allein bei Oma und Opa in den Ferien. Als sie wieder zu Hause sind, fragt die Nachbarin euphorisch: »Und, wie war's denn bei euch? Erzählt doch mal!« Paula denkt kurz nach und meint dann trocken: »Ich hatte ganz lange Fingernägel danach!«

»Heute waren wir auf dem Friedhof und haben die Oma gegossen.« (Anina, 4 Jahre)

»Omi kann froh sein, dass sie mich hat. Wenn sie nicht meine Oma wäre, wäre sie nur 'ne alte Frau.« (Alex, 6 Jahre)

Raffael (5 Jahre) flüstert seinem Großvater ins Ohr: »Opa, ich sag dir was ganz Schönes! Ich glaube, der liebe Gott sieht aus wie du!«

Martin (4 Jahre) ist gestolpert und hat sich das Knie aufgeschlagen. Opa erklärt ihm, dass ein Indianer keinen Schmerz kennt, sich zusammennimmt und nicht heult. Martin: »Gott sei Dank sind wir keine Indianer!«

»Mein Opa hat keinen Beruf.
Der ist einfach nur Opa.« (Ben, 6 Jahre)

»Mama, wann bist du endlich eine Oma, damit ich eine Mama bin und mir deine Stöckelschuhe und das scharfe Messer gehören?« (Lotte, 5 Jahre)

Milan (6 Jahre):
»Meine Oma ist schon fünfundneunzig, aber bis hundert hält sie bestimmt noch durch.«

Lara (4 Jahre) ist fasziniert vom Gebiss ihrer Oma und erkundigt sich: »Oma, kann ich das dann mal anerben?«

Paula (3 Jahre) skeptisch am Grab ihrer Großeltern: »Und wenn die den Kopf rausstrecken?«

»Wenn ich traurig bin, dann verkuschel ich mich immer ganz fest in meine Oma.«
(Miriam, 5 Jahre)

Schön das Oma und Opa zusamen im Grab liegen. Da können sie sich wenigstens mal Unterhalten.

Tom (7 Jahre): »Alle meine Schulkameraden haben zwei Omas und zwei Opas. Aber mir reicht auch von jedem einer.«

»Gestern war ein Mann an der Tür, der hat fürs Altersheim gesammelt. Aber unseren Opa haben wir ihm nicht gegeben.« (Benni, 6 Jahre)

Leon (2 Jahre): »Heute geh ich zu meiner Tick-Tack-Oma.« Erzieherin, verwundert: »Wieso nennst du die denn Tick-Tack-Oma?« Leon (2 Jahre), verwirrt: »Aber die heißt doch so…« (Gemeint war die Uroma.)

Sophie (2 Jahre): »Opa hat gar keine Haare auf dem Kopf! Der muss mal zum Friseur!«

Linus (3 Jahre) ist gerade windelfrei und besucht seine Großeltern. Opa Charly verkündet: »Bevor wir essen gehen, ziehe ich mir noch eine andere Hose an.« Linus fragt verständnisvoll: »Nass?«

Verwechselt und verdreht

Taube Menschen unterhalten sich in Gebärmuttersprache.

Simon (5 Jahre) beim Singen zu seinen Freunden: »Komm, wir singen im Kanu.« (Gemeint war Kanon.)

Anna (6 Jahre) sieht Papas Deo im Bad, holt sich einen Edding und streicht dann das Wort Dove *durch. Mama fragt verwundert: »Warum machst du das?« Anna mit ernster Miene: »Papa ist nicht doof!«*

Janis zerplatzt direkt neben dem Ohr seines Bruders Laurenz einen Luftballon. Laurenz (8 Jahre) daraufhin wütend: »Spinnst du? Davon kann man einen Fidibus bekommen!« (Gemeint war Tinnitus.)

Beim Backen fragt Mama: »Samuel, weißt du wo der Schneebesen ist?« Samuel (3 Jahre), verwirrt: »Aber den braucht doch der Opa zum Schneeschippen!«

Erzieherin zu Marc und Till: »Na, seid ihr Geschwister?« Marc (5 Jahre): »Nein, wir sind Brüder.«

»Mein Lieblingsmärchen ist ›Der Golf und die Sieben Geißlein‹.« (Charly, 4 Jahre)

Im Kindergarten wird gefragt:
»Wie heißen die Heiligen Drei Könige?«
Hannes (5 Jahre): »Kasperl, Melchior und Seppl.«

Papa zu Amelie (3 Jahre): »Schön, du hast komplett durchgeschlafen. Prima!«
Amelie: »Ja, Papa. Ich habe nicht geweint, nicht geschreit und nicht gekommt!«

Simon (5 Jahre) beschwert sich im Tunnel:
»Was ist denn das für ein Dunkelgetöse?«

Matti (3 Jahre) rennt zur Küchenfrau im Kindergarten und ruft: »Schnell, der Kilian hat sich verletzt!
Wir brauchen ein Kühlgebäck!«
(Gemeint war ein Coolpack.)

Bei der Geburt von meinem Bruder
muste mann einen kaiser schmarn
machen.

Die Tante fragt Tobias im Kinderzimmer beim Spielen mit der Ritterburg: »Wie heißt denn dein Playmobilritter?« Tobias (3 Jahre): »Herr Schaftszeiten!«

Diana (3 Jahre) beim Plätzchenbacken: »So, jetzt müssen wir den Teig noch bügeln!«

Auf einer Geburtstagsfeier singt Ulrike (4 Jahre) inbrünstig: »Heb die Bürste, juhu!« (Gemeint war Happy Birthday to you.)

Leon (6 Jahre) lernt gerade lesen und verwechselt noch manchmal die Buchstaben. Am Morgen im Bad mit Papa fragt er fassungslos: »Papa, warum steht auf deiner Unterhose eigentlich Scheißer?« (Tatsächlich stand Schiesser auf der Unterwäsche.)

Sophie (4 Jahre) zu ihrer Kindergartenfreundin: »Das Buch hat meine Oma auch, das hab ich aber schon leer gelesen.«

»Ach Mama, ich bin gerade so lustig im Herz!«
(Luisa, 6 Jahre)

Auf der Fahrradtour belehrt Tobias (5 Jahre) mit wichtiger Miene seinen Papa: »Da musst du aufpassen, sonst bekommst du noch einen Stock in die Gräten!«

»Vor dem Schwimmen muss man sich immer erst ankälten!« (Flynn, 9 Jahre)

Die Familie ist mit der S-Bahn unterwegs zum Münchner Oktoberfest. Die Flüchtlingskrise ist gerade in allen Medien sehr präsent. Als Alicia (5 Jahre) die Masse an Festbesuchern in Tracht auf der Hackerbrücke in Richtung Wiesn laufen sieht, stellt sie fest: »Oh, Papa, dort laufen lauter Flüchtlinge!«

Lucy (3 Jahre): »Heute besucht mich meine Tatenpampe!« (Gemeint war Patentante.)

Die höchsten Chinesen waren Mandarinen.

Die Erzieherin schwärmt, als Laetitia (5 Jahre) im Kindergarten ihr neues T-Shirt präsentiert: »Wunderschön. Also das ist ja ein Traum!« Laetitia, stolz: »Nein, das ist echt.«

Carla (5 Jahre) regt sich furchtbar über ihre Schwester auf und ruft theatralisch: »Ich glaub ich krieg die Grinse!« (Gemeint war Krise.)

Paula (4 Jahre) wird im Fasching als Pipi Langstrumpf geschminkt. Paula: »Mama, malst du mir jetzt noch Wintersprossen ins Gesicht?«

Lia (3 Jahre) am Esstisch: »Mama, der Tisch hat Muttermale!« (Gemeint waren die Astlöcher.)

»Den Treibstoff für Flugzeuge nennt man Clearasil.« (Tim, 8 Jahre)

Lars (5 Jahre) erzählt seinem Freund: »Ich hab von Lego einen neuen Rettungswagen. Mit Blaulicht und Matterhorn!«

Greta (4 Jahre): »In der Apotheke kaufen wir immer Zaubertrucker.« (Gemeint war Traubenzucker.)

In Washington wird Nike (6 Jahre) auf den Obelisken vor dem Weißen Haus aufmerksam gemacht. Nike, verwirrt: »Ich sehe da keinen Obelix.«

Bendix (7 Jahre): »Beim Monopolyspielen muss man immer viele Apotheken aufnehmen!« (Gemeint waren Hypotheken.)

Auf einem Kindergartenausflug in der S-Bahn erkundigt sich Tim (6 Jahre) unsicher: »Dürfen wir hier essen?« Paula (7 Jahre): »Klar, wir sind doch in der ESS-Bahn!«

Tom (6 Jahre) ruft aus dem Kinderzimmer: »Mama, Nico und ich streiten uns jetzt nicht mehr, wir haben uns befriedigt!«

Felicitas (5 Jahre) schwärmt vom Rutschen-Paradies im Schwimmbad: »In der Erdinger Therme gibt es eine Rutsche, die ist erst ab achtzig Jahren!«

Im SomA dArF ich imer

KAbrio Hosen trAgen.

Georg (4 Jahre) ist stolz auf seine neuen Markengummistiefel: »Die sind von Engelbert-Strauss!« Marcus (6 Jahre) denkt sich daraufhin eine eigene Marke aus: »Ich hab Matschi-Matschi!«

Michelle (3 Jahre) kommt in den Kindergarten zum Schnuppertag. Ihre Schwester Marina (2 Jahre) erkundigt sich: »Was riecht die denn da im Kindergarten?« Mama: »Warum?« Marina: »Na, weil sie dort schnuppert ...«

Im Urlaub klingelt der Wecker im Hotelzimmer, und Papa regt sich auf. Lena (11 Jahre): »Drück doch einfach die Schnauze-Taste.« (Gemeint war Snooze.)

Leonie (8 Jahre), nachdem sie ein Puzzle mit tausend Teilen fertig hat: »Das hab ich doch mit Gravur gemeistert, oder?«

Laurenz (8 Jahre): »In der Schule nehmen wir als Nächstes das Land mit Ü am Anfang durch.« Mama rätselt eine Weile, kommt aber nicht auf den Namen. Laurenz: »Mensch Mama, das ist doch einfach: Ügypten!«

Kreuz und quer

Die Nase von meiner Schwester
ist unheimlich stups.

Nach einer Diskussion übers Ins-Bett-gehen stellt Emily (5 Jahre) fest: »Ich bin hier in der völlig falschen Familie!«

Timo wird zum wiederholten Mal zum Abendessen gerufen: »Wir essen jetzt, hörst du?« Timo (3 Jahre): »Ich höre nicht!«

Jonathan (8 Jahre) sieht auf der Autobahn einen Chopper und bemängelt: »Also, dem ist sein Motorrad aber wirklich viel zu groß!«

Mama ruft von einer Reise zu Hause an und erzählt der Tochter: »Es ist total kalt hier! Ich habe schon alles übereinander angezogen, was ich dabeihabe.« Kurze Stille. Dann fragt Anna (7 Jahre): »Was? Du hast ALLE UNTERHOSEN übereinander an!?«

Im Bett bittet Daniela (3 Jahre) ihre Mama: »Lies mir doch noch etwas vor.« Mama: »Gleich, ich muss nur noch fertig aufräumen!« Daniela, verärgert: »Immer nur warten, wie im Geschäft!«

Timo (6 Jahre) flüstert seinem Kindergartenfreund Paul (6 Jahre) zu: »Ich weiß jetzt, wer der Osterhase ist: meine Mama!« Paul kommt mit der Neuigkeit nach Hause zu seiner kleinen Schwester: »Marie, ich hab rausgefunden, wer der Osterhase ist: Die Mama vom Timo!«

Paula (3 Jahre) kommt nachts plötzlich ins Elternschlafzimmer. Mama fragt: »Was ist denn los?« Paula unter Tränen: »Jetzt hab ich vergessen, was ich sagen wollte!«

Die Frau des Nachbarn ist gestorben und Tom (4 Jahre) sieht, wie der alte Mann weint. Der Junge, der ihn sehr gut kennt, geht zu ihm hinüber. Als er zurückkommt, fragt seine Mutter: »Was hast du denn drüben gemacht?« Tom: »Nichts. Ich hab ihm nur beim Weinen geholfen.«

Feierlich verkündet Oma: »Heute dürft ihr zum ersten Mal die Sesamstraße anschauen.«
Henrik (4 Jahre) rennt in den Flur,
zieht sich Jacke und Schuhe an.
Oma verwirrt: »Was machst du?«
Henrik: »Wir gehen doch zur Sesamstraße!«

Taisia ruft an und erkundigt sich, ob Lara (6 Jahre) mit auf den Spielplatz kommt. Lara: »Ja, wir kommen gleich, meine Mama muss nur noch meinen Bruder einschläfern.«

Beim Spazierengehen fragt Lily (5 Jahre): »Mama, was ist das für ein Auto?« Mama: »Ein Porsche, ein sehr teures Auto, das sich viele Männer wünschen!« Lily, unbeeindruckt: »Aha. Wieso? Kann es alleine fahren?«

Daniela (4 Jahre) zu einem neunjährigen Buben auf dem Spielplatz, der gerade in hohem Bogen von der Schaukel gesprungen ist: »Gut gemacht, Kleiner!«

Mama: »Die Löcher in meinem T-Shirt nerven mich jetzt.« Paula (5 Jahre): »Dann schau halt einfach nicht hin.«

Den Nikolaus mag ich sehr gerne. Den lade ich zu meinem geburtstagein.

Zusammen mit seinem Papa beobachtet Benedict (2 Jahre) zwei Paraglider mit Motor-Rucksack.
Benedict: »Wollen wir das auch mal machen?«
Papa: »Ja, klar, aber dafür bist du noch zu klein.«
Benedict: »Nein, bin schon groß. Ich geh schon allein auf Klo!«

Nina (2 Jahre) will ohne Schwimmflügel in den Pool. Mama erklärt: »Nein, du kannst noch nicht schwimmen. Ohne Schwimmflügel gehst du ja unter.« Nina in versöhnlichem Ton: »Mama, nein, ich mach das nicht. Ehrlich! Ich versprech's dir!«

Carl (5 Jahre) sieht im Fernsehen Xavier Naidoo, der ein trauriges Lied singt, und meint verständnisvoll: »Mami, der hat keine Freunde, oder?«

»Wenn ein Einbrecher in unsere Wohnung kommen sollte, halte ich mich ganz ruhig und bin ganz still und schreie nach meinen Eltern.« (Nick, 5 Jahre)

Antonia (4 Jahre) erzählt vom Kindergarten: »Meine Freundin hat mich dort schon mal gebissen.« Dramatische Pause. »Und ohne vorher zu fragen!«

Abends im Bett flüstert Ruth (5 Jahre) ihrem Bruder Tom (3 Jahre) zu: »Sag mir, wenn du eingeschlafen bist, OK?«

Onkel Maxo fragt seine Nichte: »Gehst du baden oder duschen?« Daniela (2 Jahre) antwortet: »Nein badenduschen, gehe fernsehen!«

»Bei uns zu Hause ist nie viel los. Auch wenn wir alle daheim sind, geht es ziemlich gewöhnlich zu.«
(Valentin, 7 Jahre)

Julia (5 Jahre) vorwurfsvoll auf die Nachricht, dass sie ein kleines Schwesterchen bekommen hat: »Also ein kleiner Bruder wäre mir lieber gewesen, Schwester bin ich ja selber!«

Papa ruft abends im Bad seine Tochter: »Komm bitte Zähne putzen!« Dani (5 Jahre): »Lass mich in Ruhe, ich tue, was ich will! Ich will endlich mein eigenes Leben führen!«

Einmal war ich so krank,
da hatte ich 40 kilo Fieber.

Jonas kauft mit seiner Mama ein Puzzle für seinen zweijährigen Bruder Anton. Mama: »Wir brauchen aber eines, das er in seinem Alter machen kann. Also so etwa ab drei Jahren.« Jonas (4 Jahre): »Genau, er ist ja auch schon halb drei.«

Während Mama mit Samuel (3 Jahre) in der Metzgerei einkauft, wartet Papa vor dem Geschäft. Verkäuferin: »Na, darf es noch eine Scheibe Wurst auf die Hand für den jungen Mann sein?« Mama: »Samuel, wie sagt man denn da?« Samuel: »Der Papa will auch eine Scheibe haben!«

Carla (2 Jahre) steckt Knete in den Mund. Mama: »Nicht die Knete essen! In den Mund gehört nur Essen. Und die Zahnbürste!« Carla: »Mama, kannst du mir eine Zahnbürste kneten?«

Im Kindergarten fragt Lisa (4 Jahre) die Erzieherin, die Anfang dreißig ist: »Manuela, wie alt bist du eigentlich?« Carla (6 Jahre) rügt sie leise: »Aber das fragt man doch eine alte Frau nicht ...«

»Rot ist meine Lieblingsfarbe. Aber nicht an der Ampel.« (Jannick, 5 Jahre)

Lara (3 Jahre) ist nackig, weil sie in die Badewanne soll. Mama stellt besorgt fest: »Oh! Dein Popo ist ganz kalt, schnell in die Wanne!« Lara: »Ja klar, ich bin ja auch vorhin auf dem Eisbären gesessen.« (Gemeint war ein Stofftier.)

Die Familie ist zu Besuch bei Freunden, die zwei Babys von fünf Monaten haben. Eines liegt am Boden und schnullert. Lina (2 Jahre) geht zielstrebig auf das Kind zu und zieht ihm den Schnuller raus. »So. Erst mal Schnuller weg. Sonst versteh ich dich ja gar nicht!«

Felix (5 Jahre): »Ich hab solche Angst vor dem Osterhasen!« Mama, verwundert: »Warum denn?« Felix: »Der muss ja riesig sein! Der hat dem Emilio letztes Jahr ein Fahrrad gebracht. Sonst kann der das ja gar nicht tragen…«

Nach einem Streit meint Sarah (7 Jahre) einsichtig: »Gell Mama, manchmal sind wir schwer zu erziehen!«

Während Mama duscht, passt Daniela (4 Jahre) auf Bruder Simon auf. Plötzlich stürmt das Mädchen ins Bad: »Mama, ich habe nur Probleme mit dir! Schau, der Simon muss spucken – und was soll ich tun?!«

Felix (5 Jahre) erzählt empört von einer Spendenaktion: »Mama, wir sollen an Ostern in der Kirche für Uganda spenden!« Mama: »Gut, das machen wir.« Felix: »Nein, auf gar keinen Fall. Ich habe der Erzieherin schon gesagt, dass das nicht geht, weil ich spare ja auf mein ferngesteuertes Feuerwehrauto.«

Als die Familie abends von einem Verwandtenbesuch nach Hause fährt, erkundigt sich Mama, ob Papa Wein getrunken hat und noch fahren kann. Am folgenden Tag bringt der Vater Nico (3 Jahre) in den Kindergarten. Nico erkundigt sich in fürsorglichem Ton: »Papa, kannst du fahren? Hast du genug Wein getrunken?«

Danksagung

Vielen Dank an alle Kinder, Eltern und Freunde, die dazu beigetragen haben, dass dieses Buch entstehen konnte. Mein besonderer Dank gilt allen Künstlern und Künstlerinnen, die mit ihren Zeichnungen dieses Buch bereichert haben:

Paula
THEO
NOAH
EMMA
Carla
Benedikt
Florian
Katharina
TIM
HANNA
Greta
LEONIE
Maximilian
Jonas
Anna
ELLA
Carla
LUKAS
JAN
JONI
Kasper
LARA
FERDI